Geheimnisvoll orientalisch und sehr verführerisch wirken die indischen und berberischen Tattoos. Mit Hennafarbe oder Tattoostiften malen Sie sich exotischen Schmuck direkt auf die Haut – wir zeigen Ihnen Schritt für Schritt, wie's geht. Und die traditionellen Muster, die wir Ihnen vorstellen, sind nicht nur besonders schön, sondern sollen auch Glück, Wohlstand und Liebe beflügeln …

Inhalt

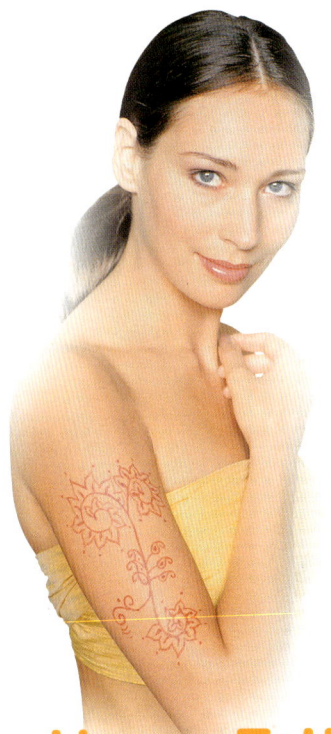

Trend seit der Steinzeit: Body-Art — 4

Schmuck, auf die Haut gemalt — 5
Mehndi-Malerei ist mega-in — 5
Die Tradition der Körpermalerei — 6
Magie der Farben und Symbole — 6
Make-up als Urbedürfnis — 7
Nordafrika – Hochburg der Henna-Tattoos — 7
Die Kunst der Berberinnen — 7
Indien – Henna-Kunst in Vollendung — 11
Mehndis zur Hochzeit — 11
Färben, pflegen und heilen mit Henna — 14
Wichtig: gute Qualität — 15
Henna für die Haare — 15

Henna-Tattoos – leicht gemacht — 16

Kleine Entscheidungshilfe: Paste oder Stifte? — 17
Praktisch: Henna aus der Tube — 17
Mit Tattoostiften können Sie's einfach bunt treiben — 18
Henna – auch mal selbst gerührt — 19
Nichts für die Ewigkeit – aber: So hält's länger — 20
Tattoostifte – ein kurzes Vergnügen — 20
Tricks, die Henna haltbar machen — 20
Ehe Sie loslegen: Einige Tips vorweg — 22
Grundlage: Haut- und Nagelpflege — 22
Kleckern ohne Reue — 23
Mit dem Allergietest auf Nummer sicher — 23

Inhalt

Wichtiges rund um Farbe & Fixierung	23
Malen mit Tattoostiften	23
Malen mit Henna	23
Der einfachste Weg zu tollen Mustern: Schablonen	25
Was paßt wozu?	25
Schablonen zum Selbermachen	26
Der Hit im Sommer: Berberfüße	28
Auffallen und »ankommen«	28
Rezept Hennapaste	28

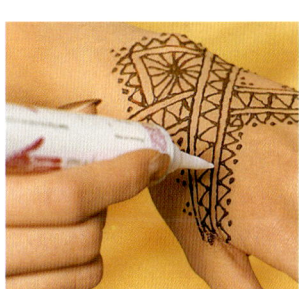

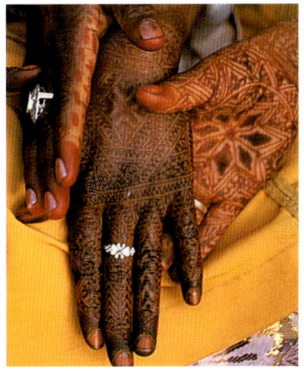

Freihandmalen –
Schritt für Schritt zur wahren Tattoo-Kunst   32

In jedem steckt ein Künstler	33
Malen ganz ohne Streß	33
Kleine Muster – große Wirkung	33
Der erste Schritt: Basismuster üben	34
Der zweite Schritt: Basismuster kombinieren	36
Paisleys mit tieferer Bedeutung	38
Der dritte Schritt: Mit Henna auf Papier üben	39
Profi-Tips – das Wichtigste im Überblick	39
Magische Hände im Berber-Stil	40
»Spitzenhandschuh« der Inderin	42
Hände bemalen – Schritt für Schritt	43
Zeigt her Eure Füße!	44
Für Arm, Rücken oder Dekolleté: der Lebensbaum	45
Schön ist, was gefällt	46
Gesucht – gefunden	47
Sachregister	47
Adressen & Buchtip	48

TATTOO-TRADITION

Trend seit der Steinzeit: Body-Art

Überall auf der Welt sind Tattoos Teil der Kultur

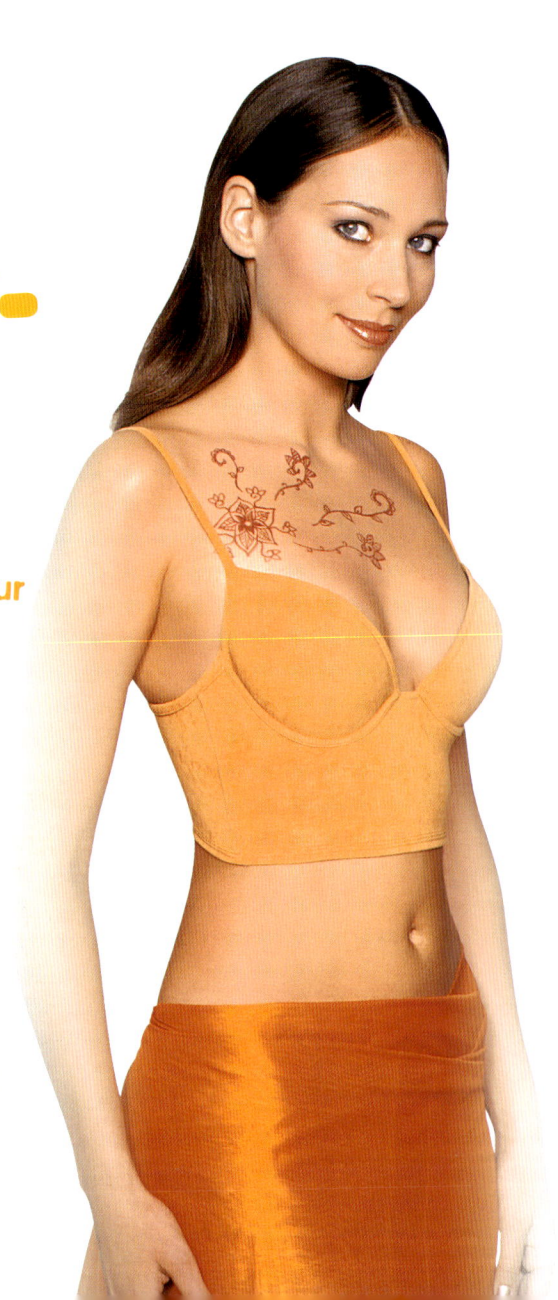

*H*enna-Tattoos – auch Mehndi-Malerei genannt – sind gerade hochaktuell. Dabei haben die attraktiven rotbraunen Ornamente auf der Haut eine uralte Tradition. Inderinnen und Berberinnen bemalen sich seit Jahrtausenden zu festlichen Anlässen mit Henna. Die Farbe verschwindet nach einiger Zeit wieder, so daß die Haut für jede Gelegenheit individuell geschmückt werden kann.

Schmuck, auf die Haut gemalt

Einfach, weil es schön ist, als Teil kultischer Handlungen oder um im Kampf besonders bedrohlich zu wirken – in jeder Kultur waren dauerhafte Tätowierungen oder vorübergehende Bemalung üblich, ob einfarbig oder knallbunt, großflächig oder filigran-ornamental. Speziell im arabischen Raum und in Indien ist die Kunst der Körperbemalung noch heute Ausdruck eines lebendigen Schönheitskultes.

Mehndi-Malerei ist mega-in

Der Popstar Madonna, aber auch der indische Kultfilm »Kamasutra« aus dem Jahr 1997, hat die filigranen, floralen Motive Indiens in Amerika und Europa neuerdings populär gemacht. Stark im Kommen sind auch die aus Nordafrika stammenden geometrischen, klar gegliederten Muster, die leicht nachzumalen sind.
Wir zeigen Ihnen in diesem Buch, wie Sie sich selbst ganz einfach mit den schönsten Mustern schmücken können.

Jeder sein eigener Body-Painter

Schon das Malen wird Ihnen Spaß machen, vor allem, wenn Sie mit einer Freundin einen gemütlichen Tattoo-Abend zelebrieren.
Ob ein kleines Muster auf dem Oberarm, eine Ranke über die Schulter oder üppig

bemalte Hände und Füße – der Phantasie sind keine Grenzen gesetzt. Und Gelegenheit, Tattoos zu tragen, gibt es genug – zum Beispiel der große Auftritt bei einer Party oder in der Disko. Besondere Furore machen Sie mit Ihren Tattoos natürlich im Sommer am Strand.

Für ein Fest haben sich junge Berberinnen aus Marokko die Hände besonders üppig bemalt.

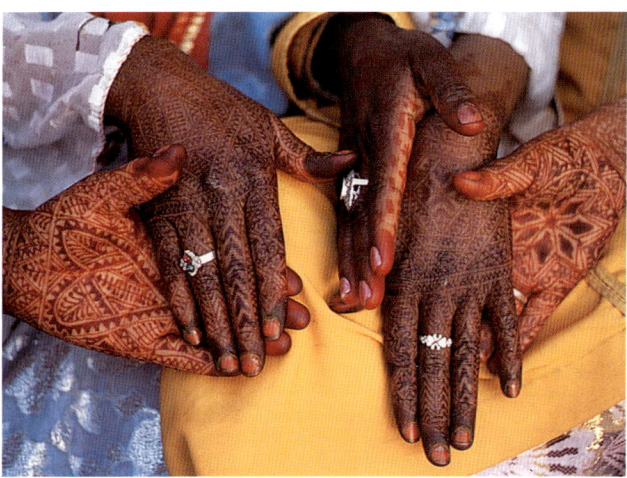

Die Tradition der Körpermalerei

Auch in grauer Vorzeit mochten's die Menschen schon bunt. Von ihrem Bedürfnis, sich mit Farben zu verschönern und zu verwandeln, zeugen über 8 000 Jahre alte Felsmalereien in der Sahara: Sie stellen Menschen dar, deren Haut offensichtlich mit Ornamenten verziert ist. Unsere frühzeitlichen Ahnen benutzten für ihre Bodypaintings mineralische Pigmente wie Ocker in Gelb- und Rottönen, schwarze Manganerde und Kalkweiß.

Magie der Farben und Symbole

Ursprünglich hatten Farben und Symbole magische Bedeutung, zum Beispiel in Fruchtbarkeitsriten und als Bann gegen unheilvolle Mächte. Die Priester der frühen Naturreligionen »verwandelten« sich durch Körperbemalung zu Wesen mit übernatürlichen Kräften. Schon das Bemalen selbst hatte rituellen Charakter. Sich zu Verschönern, war kein Selbstzweck, sondern wurde immer in einem größeren Zusammenhang erlebt.

Nuba-Mann aus dem Sudan, Afrika

Yanomami-Indianerin, Amazonas-Urwald, Brasilien

Samburu-Mädchen aus Kenia, Afrika

Bei allen wichtigen Ereignissen spielte Körpermalerei eine Rolle: bei Geburt, Pubertät, Hochzeit und Tod ebenso wie bei Jagd, Ernte, Krieg und Ahnenkult. Auch die Stammeszugehörigkeit signalisierten Farben und Zeichen.

Make-up als Urbedürfnis

Bis heute haben sich diese Traditionen in den vielfältigsten Abwandlungen bei allen Naturvölkern der Erde erhalten – und nicht nur dort: Denn was ist unser modernes Make-up anderes als eine kunstvolle Gesichtsbemalung, die bestimmte Botschaften aussenden soll? Und falls Sie bisher meinten, »natürliche Schönheit« sei jeglicher Körperbemalung vorzuziehen, so gibt es Ihnen vielleicht zu denken, daß uns ein Urbedürfnis nach Kultur dazu bewegt, die Haut vielfältig zu verzieren.

Auch moderne Aktionskünstler, die mit »Bodypainting« experimentieren, gehen diesem archaischen Impuls nach.

Nordafrika
Hochburg der Henna-Tattoos

In den alten Hochkulturen von Ägypten über Mesopotamien und Anatolien bis Ostasien entwickelte sich aus den religiösen Ursprüngen der Körpermalerei das Make-up: Sich zu bemalen, wurde zunehmend eine weibliche Domäne. Die vornehme Ägypterin oder Griechin cremte, schminkte und parfümierte sich mit großem Aufwand. Uns interessiert speziell Nordafrika, denn dort liegt der Ursprung jener Henna-Malerei, die auch heute noch auf westliche Frauen so faszinierend wirkt.

Die Kunst der Berberinnen

Bei den Berbern etwa wird die Kunst der Tätowierung von den Müttern an die Töchter weitergegeben. Die Berber waren einst die Urbevölkerung Nordafrikas.

info:

FRAUEN-KUNST

Bei den Berbern sind Tattoos Frauensache. Und die Frauen haben daraus eine große Kunst gemacht. Schade nur, daß die Kunstwerke aus Henna so schnell wieder verblassen. Es ist aber überall auf der Welt so, daß Frauen seltener Monumente für die Ewigkeit schaffen – vielleicht, weil sie von der Vergänglichkeit des Lebens mehr wissen.

Heute leben nur noch wenige reine Berberstämme am Rande der Sahara. Trotz Kolonialisierung und Unterdrückung haben die alten Muster und Symbole die Jahrtausende überdauert und sind gelebte Tradition. Die moderne Araberin aus Tunis oder Casablanca kennt wahrscheinlich längst nicht mehr die mystische Bedeutung der so modern anmutenden grafischen Motive, erfreut sich aber uneingeschränkt an deren Schönheit.

Tätowierungen schützen die Berberfrau vor dem »bösen Blick«.

Tattoo fürs Leben oder für ein Fest

Die Berber kennen zwei Tattoo-Varianten:

● Dauerhafte Tätowierungen wie schwarze Punkte oder Striche, die vor allem im Gesicht angebracht werden und den »bösen Blick« abwehren sollen. Da Dämonen gern die Körperöffnungen suchen, um in den Menschen einzudringen, schützt man speziell auch Mund- und Nasenbereich.

● Vergängliche Bemalungen mit schwarzer oder roter Farbe spielen eine wichtige Rolle bei besonderen Festen, welche die Lebensphasen einer Frau begleiten. Vor allem bei der Hochzeit, in der Schwangerschaft und im Kindbett werden Hände und Füße feierlich mit Ornamenten bemalt. Oft gehört in diesen Rahmen auch eine Badezeremonie.

Die Frau im Mittelpunkt wird von den anderen Frauen des Familienverbandes mit Musik, Tanz und verschiedenen Schönheitsritualen verwöhnt. Besonders schön ist dieser Brauch, wenn eine junge Mutter nach der Geburt im Wochenbett liebevoll von den anderen Frauen gepflegt wird. Machmal dauern solche Feste drei Tage. Aber die Frauen bemalen sich häufig gegenseitig auch ohne besonderen Grund – einfach aus Freude an der Sache.

Aufmerksam beobachtet eine Marokkanerin ihre Verwandte beim Aufzeichnen der Muster. Dabei bleibt immer viel Zeit für ein Gespräch unter Frauen.

NORDAFRIKA 9

info:

BERBER-TATTOOS IN SCHWARZ UND ROT

Die Berberinnen malen ihre vergänglichen Tattoos mit schwarzer oder roter Farbe, oft auch beides kombiniert.

Mit einem spitzen Malhölzchen *(kalame)* zeichnet die Künstlerin, von einem Punkt ausgehend, feine bis kräftige Linien. Diese Methode nennt man *harqus*-Malerei.

● Schwarze Farbe wurde früher zum Beispiel aus der Asche von Galläpfeln, Gewürzen und Holzkohle gewonnen, die man mit Öl vermischte. Heute ist schwarze Farbe leider manchmal schwermetallhaltig und deshalb bei unbekannter Herkunft nicht empfehlenswert.

● Rote Farbe ist besonders beliebt: Sie gilt als Glücksbringer und Symbol für das Leben schlechthin.
Man rührt sie aus den getrockneten Blättern der Hennapflanze (Seite 14) an, die im übrigen als Allround-Mittel für die Schönheit gilt – und das mindestens seit pharaonischen Zeiten.

Typische Berber-Muster

Rechts: Berberzelt mit Palme und Sternen – ein häufiges Element auf Hand- und Fußbemalungen.

Typische Grundsymbole: stilisierte Palmen, Striche, Punkte, Häkchen gegen den »bösen Blick«.

Die Dattelpalme (links) ist das Symbol für Fruchtbarkeit schlechthin: »Siyala« auf der Haut verspricht Glück, Gesundheit, Wohlstand und reichen Kindersegen. Die Punkte wehren mögliche Neider ab.

Das Salomonssiegel (unten) entsteht aus zwei übereinandergelegten Quadraten und symbolisiert Macht und Vollkommenheit.

Wie die Zinnen einer Berberburg wirkt die Borte unten (siehe auch Seite 26).

Indien
Henna-Kunst in Vollendung

Im 12. Jahrhundert brachten die islamischen Moghul-Herrscher die Kunst der Körpermalerei nach Indien. Im arabischen Raum war sie damals sehr beliebt und schon enorm verfeinert.

Variationen über ein Thema: Ornamentik

Da der Islam es verbietet, Menschen bildlich darzustellen, entstand eine unendliche Vielfalt der Ornamente voller Symbolik. Auch Tiere kommen vor, insbesondere Vögel, vor allem aber Blumen- und Blättermotive, die das uralte Symbol des Lebensbaums (Seite 45) variieren.

Eine glückliche Brahmanen-Braut im vollen Hochzeitsornat zeigt stolz ihre geschmückten Hände. Sie wurden im Laufe einer mehrtägigen religiösen Zeremonie kunstvoll verziert.

Miniaturen aus der Moghulzeit, auf denen Brautprozessionen abgebildet sind, bieten interessantes, historisches Anschauungsmaterial. Noch heute sind die Blumen- und Rankenmuster der mit Henna bemalten indischen Bräute von auffälliger Schönheit. Für Tänzerinnen bestimmter Regionen sind rot eingefärbte Fingerkuppen typisch.

Mehndis zur Hochzeit

Die sogenannte Mehndi-Malerei (*Mehndi* = indisch »Henna«) ist auch heutzutage bei Hochzeitszeremonien von zentraler Bedeutung.
In größeren Städten gibt es hauptberufliche Henna-Malerinnen; in ländlichen Gegenden gilt es als Ehre, zu Hochzeiten für diese Aufgabe bestellt zu werden. Die Frauen bemalen die junge Braut in tagelangen rituellen Sitzungen und werden hinterher mit Geschenken entlohnt.

Henna-Schmuck fürs Eheglück

Hände, Arme, Füße und Beine der Braut werden mit aufwendigen Mustern verziert, hin und wieder auch die Hände des Bräutigams.
Die Muster sind nicht nur Schmuck, sondern haben – wie bei den Berbern – symbolische Bedeutungen: Liebe, Gesundheit, Fruchtbarkeit, Wohlstand, langes Leben.
Und Rot gilt auch in Indien als glückverheißend.
In der üppigen Bemalung der Braut werden manchmal die Initialen des Bräutigams versteckt, die er dann in der Hochzeitsnacht suchen muß. Damit ist die erste Verlegenheit zwischen den Brautleuten überbrückt, die vorher meist kaum mehr als formellen Kontakt miteinander hatten und sich höchstwahrscheinlich noch nie ohne Anwesenheit eines Familienmitglieds begegnet sind.

Tattoo-Tradition

Auch der kleinen Nichte der Braut wurden die Hände bemalt.

eigenen Hennamischung feierlich auf die Hand der Braut auftupft und dabei reichlich Segens- und Glückwünsche ausspricht.

Jede Familie, jede Gegend besitzt für die Zubereitung der Hennafarbe ihre ganz speziellen Rezepturen, die den Farbton besonders intensiv und haltbar machen sollen und oft streng geheimgehalten werden.

Typisch indische Muster

Blätter, Blüten, Rosetten in allen Variationen:

Der Farbton als Omen

Eine andere Hürde hat die frischgebackene Ehefrau (wie jede Braut auf der Welt) schon vorher nehmen müssen: die Schwiegermutter. Diese hat die Henna-Zeremonie ganz genau begutachtet. Wird der Farbton nicht rot genug, kann das als schlechtes Omen gedeutet werden – und es regen sich möglicherweise Zweifel, ob die Braut die richtige Wahl war. Dem beugt die Schwiegermutter vor, indem sie den ersten Punkt mit ihrer

INDIEN 13

Indische Henna-Künstlerinnen wetteifern um die raffiniertesten Muster an Händen und Füßen. Vor allem schön sollen sie sein und sind nicht mehr streng an eine Symbolik geknüpft.

Färben, pflegen und heilen mit Henna

»Henna« wird aus dem Cyperstrauch *(Lawsonia inermis* oder *Lawsonia alba)* gewonnen, dessen Blätter und manchmal auch Stengel dafür fein zerrieben werden.
Die Pflanze ist in den Mittelmeerländern, im Vorderen Orient und in Indien heimisch. Wir importieren Hennapulver vorwiegend aus Indien und Ägypten.

Eine vielseitige Pflanze

In der orientalischen Volksmedizin wird Henna als vielseitiges Heilmittel verwendet: Äußerlich gegen Ekzeme, Mykosen und Hautgeschwüre, innerlich gegen Amöbenruhr und andere Magen-Darm-Erkrankungen. Aber starten Sie jetzt bitte keine Selbstversuche! Gehen Sie mit Ihren Beschwerden immer zum Arzt!
Aufgrund der adstringierenden (zusammenziehenden), kühlenden und hautpflegenden Eigenschaften sind Henna-Auszüge in Gesichtswässern und Hautpflegemitteln enthalten.
Aus den Blüten der Hennapflanze werden im Orient schwere Parfüms hergestellt.

In jeder Hinsicht verschönernd

Die Berber und andere Saharastämme färben häufig die ganzen Fußsohlen (Seite 28) und Handinnenflächen ein – Körperpartien, die durch Arbeit und heißen Sand besonders beansprucht sind. Vermutlich nutzt man so die kühlende und pflegende Wirkung des Henna.
Da in Indien Fußsohlen und Zehen als besonders erotische Körperzonen gelten, schätzen die Frauen dort neben dem optischen Effekt der roten Farbmuster auch den kosmetischen: Mit Henna gepflegte Haut wird weich und geschmeidig, Schwielen und Hornhaut lösen sich spielend.
Bemerkenswert ist auch, daß Henna nahezu 100 Prozent der UV-Strahlen abschirmt.

Henna

Für den Eigenbedarf zerreiben die Berberinnen die Hennapflanzen in einem Mörser.

die Haare auch nach längerer Einwirkungszeit keinen auffälligen Farbton bekommen.
- Hennapulver sollte frisch, im Idealfall aus biologischem Anbau sein. Frisches Pulver ist leuchtend grün. Wird es alt, verliert Henna seine Wirkung und bekommt einen unschönen Braunton.

Speziell für Tattoos
- Benutzen Sie nur reines Hennapulver, das Sie mit verschiedenen Zutaten zu einem Brei verarbeiten (Seite 28), oder eine gute Fertigpaste speziell für Tattoos (Seite 17). Mischungen, die auf die Bedürfnisse der Haare abgestimmt sind, eignen sich hierfür meist nicht.

Immer erst testen!
Allergische Reaktionen auf reines Henna sind kaum bekannt. Dennoch sollten Sie besser erst die Verträglichkeit testen (Seite 23).

Wichtig: gute Qualität

In Europa ist das grüne Pulver fast ausschließlich als rottönendes Haarfärbemittel bekannt. Leider wird natürliches Henna aber manchmal mit chemischen Farben »aufgepeppt«, damit das Farbergebnis wirkungsvoller ist.

So erkennen Sie Qualität
- Der Hersteller garantiert mit genauen Angaben die verwendeten Inhaltsstoffe.
- Bei der ersten Anwendung als Haarfärbemittel dürfen

tip:

Henna für die Haare

- Das Pulver wird mit heißem Wassser angerührt. Manche Frauen schwören auf Zusätze wie saure Milch, Zitronensaft oder Rotwein, denn das saure Milieu intensiviert die Farbe und läßt die Haare schön glänzen.

- Einwirkungsdauer: Mindestens 3 Stunden. Im Gegensatz zu chemischen Färbungen kann die Zeit auch überschritten werden. Feuchte Wärme ist notwendig. Deshalb wird der Kopf mit Plastikfolie und Tüchern umwickelt.

- Sie sollten vorher eine Probetönung an einer unauffälligen Haarsträhne machen!

Färben mit reinem Henna:

Haarfarbe	Rotton
hellblond	karottenrot
aschblond	mittelrot
hellbraun	bronze
kastanienbraun	mahagony
dunkelbraun	rote Reflexe
graue Haare	intensiv rot (interessant bei meliertem Haar)

Henna-Tattoos
leicht gemacht

*N*atürlich können Sie sich in einem professionellen Tattoo-Studio bemalen lassen, aber wetten, daß Sie es selbst auch können? Schließlich müssen Sie noch nicht mal Hennapaste anrühren, denn die gibt's fertig in der Tube – oder Sie nehmen gleich Tattoostifte, die das Malen noch einfacher machen.

Kleine Entscheidungshilfe:
Paste oder Stifte?

Natürlich können Sie – ganz klassisch – Ihre eigene Hennapaste anrühren. Notwendig ist das, wenn Sie größere Flächen einfärben (Seite 28). Für feinere Malereien empfehlen wir Ihnen Fertighenna oder spezielle Tattoostifte.

Praktisch: Henna aus der Tube

Im Handel (Seite 48) gibt es fertig angerührte Hennapasten in Tuben mit Spritztülle. Sie können die Farbe direkt in der richtigen Dosierung herausdrücken und auch ganz feine Linien malen. Einziges Problem: Hin und wieder verstopfen Pflanzenfasern die Spritzöffnung; dann hilft es schon, mit einer dünnen Nadel hineinzustechen. Ansonsten ist die Anwendung wesentlich einfacher, als mit selbstgebastelten Spritztüllen oder traditionellen Malhölzchen (Seite 9) zu hantieren.

Wichtig: Qualität!

Fertige Pasten aus der Tube können jedoch von höchst unterschiedlicher Qualität sein. Produkte, die aus billigen Direkt-Importen sogenannter Dritte-Welt-Länder stammen, enthalten mitunter giftige Schwermetalle, vor allem, wenn sie sehr dunkel oder schwarz färben. Eine etablierte Vertriebs- oder Kosmetikfirma ist ein Garant, daß das Produkt den strengen europäischen Richtlinien für Kosmetik entspricht, das heißt, gesundheitlich unbedenklich ist.

Auch moderne Inderinnen malen ihre Tattoos häufig mit Fertighennapaste aus der Spritztüte.

Keine echte Tattoofarbe

Rote Hennafarbe ist nicht zu verwechseln mit roter Chemiefarbe, wie sie für dauerhafte Tätowierungen verwendet wird. Diese Farbe ist aufgrund hochgiftiger Substanzen ins Gerede gekommen.

Mit Tattoostiften können Sie's einfach bunt treiben

Wer sich's leicht machen will, malt mit Tattoostiften, die viele Kosmetikfirmen neuerdings in ihrem Sortiment führen. Es gibt sie in den verschiedensten Farben.

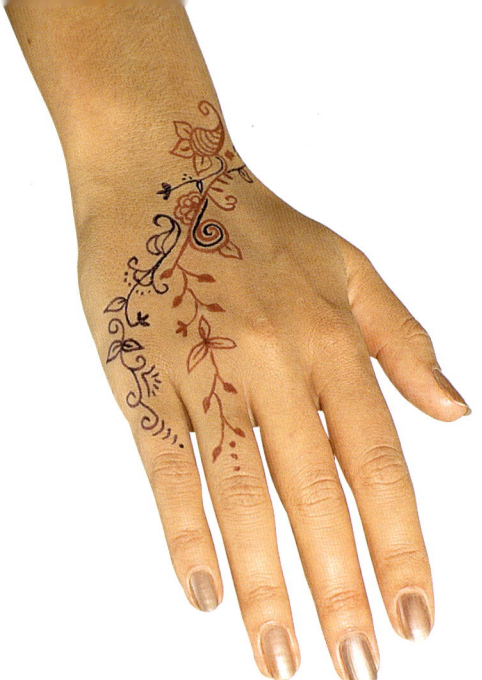

Mit Tattoostiften können Sie mehrfarbige Muster malen, denn es gibt die Stifte in vielen Farben.

Stressfrei kreativ

Moderne Tattoostifte haben den Vorteil, daß Sie sich damit ohne weiteres an ein schwieriges Muster herantrauen dürfen – denn wenn es mißlingt, waschen Sie es einfach ab. Mit einem echten Hennamuster müssen Sie ein wenig länger leben (bis zu zwei Wochen). Aber seien Sie ruhig experimentierfreudig. Schließlich geht es nicht um ein echtes Tattoo, das Ihnen ein Leben lang bleibt. Auch bei Hennamustern müssen Sie keine so weittragende Entscheidung treffen, sondern können fröhlich drauflos malen.

Bunte Muster entsprechen zwar nicht dem Original, lassen aber interessante Weiterentwicklungen zu. Klassischerweise sind indische und berberische Tattoos rot oder schwarz. Machmal werden auch rot eingefärbte Flächen mit feinen, schwarzen Verzierungen eingefaßt, zum Beispiel bei den klassischen »Berberfüßen« (Seite 28). Für diese Muster ist ein schwarzer Tattoostift das Richtige.

Make-up der besonderen Art

Tattoostifte enthalten kein Henna, sondern wasser- oder fettlösliche Substanzen, die allenfalls zwei Tage auf der Haut überstehen. Deshalb sind sie ideal für einen besonderen Abend, vor allem, wenn Sie am nächsten Tag wieder »normal« im Büro erscheinen müssen.
Die synthetische Farbe ist unbedenklich wie Make-up-Farbe.

Henna – auch mal selbst gerührt

Selbst angerührte Hennapasten sind von Vorteil, wenn Sie viel Farbe brauchen: Reines Hennapulver wird mehrfach gesiebt und mit einem Sud aus Schwarztee oder Kaffee und Tamarindenblättern zu einer zähflüssigen Paste angerührt.
In manchen Rezepten wird Eukalyptusöl beigefügt: Wegen möglicher Hautreizung dürfen es höchstens 3 Tropfen sein! Auch Orangenblüten- oder Rosenwasser kann dazugegeben werden (Rezept siehe Seite 28).

Die fertige Paste kann mit Spritzbeutel oder Malhölzchen (Seite 9) appliziert oder großflächig mit einem Holzspatel aufgetragen werden (Seite 27).

Wer sich erstmals an ein Tattoo wagt, ist mit Tattoostiften auf der sicheren Seite, denn jeder Strich läßt sich leicht korrigieren.

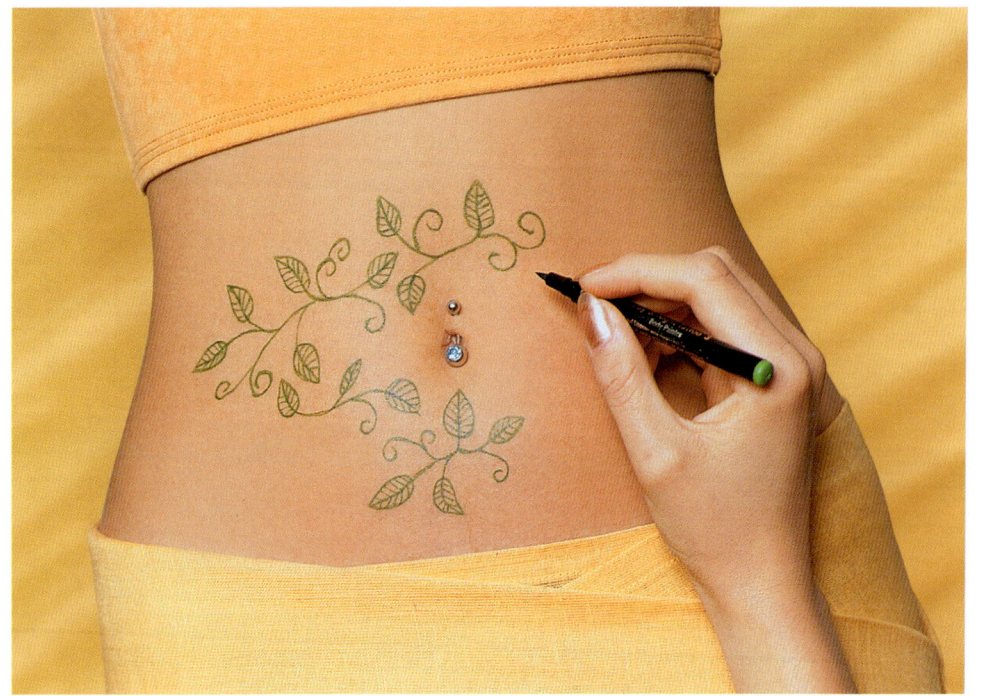

Nichts für die Ewigkeit – aber:
So hält's länger

Ein Henna-Tattoo hält bis zu zwei Wochen, Tattoostift-Malereien sind nach zwei Tagen wieder verschwunden. Je besser Sie die Haut vor- und nachbehandeln, um so haltbarer das Tattoo.

Tattoostifte – ein kurzes Vergnügen

Mit Tattoostiften gemalte Muster können leider schnell zerlaufen, wenn Sie schwitzen oder mit Flüssigkeit in Kontakt kommen. Gehen Sie also in Deckung, wenn jemand auf einem Fest ungeschickt den Champagner öffnet … Für den Strand sind die Stifte gänzlich ungeeignet.

Puder hilft

● Dem natürlichen Auflösungsprozeß können Sie entgegenwirken, indem Sie die Haut vor und nach dem Malen abpudern. Dann übersteht das Kunstwerk ohne weiteres eine Nacht.

● Reste der Malerei entfernen Sie mühelos mit einer Reinigungsmilch.

Wichtig: Der Faktor Zeit

● So leicht das Malen mit Tattoostiften auch sein mag – ein Probelauf ist sehr empfehlenswert. Testen Sie Ihren Stift also schon mal ein paar Tage vor dem großen Auftritt. Dann geht Ihnen am entscheidenden Abend das Muster leicht von der Hand, und Sie können besser einschätzen, wie lange es hält.

● Henna entwickelt seine volle Leuchtkraft erst nach 48 Stunden. Planen Sie das Body-Painting also rechtzeitig! Zwei Tage vor einem Fest oder einem wichtigen Rendezvous ist der ideale Zeitpunkt, um mit dem Malen mit Fertigpaste zu beginnen! Bei selbstgerührtem Henna siehe Seite 29!

Tricks, die Henna haltbar machen

Hennafarbe schmückt zwischen fünf und vierzehn Tagen die Haut.

● Je trockener die Haut bleibt, um so haltbarer das Tattoo: Häufiges Waschen läßt es ebenso verblassen wie starkes Schwitzen, zum Beispiel beim Sport.

● Wenn Sie das Tattoo mit einem guten pflanzlichen Öl öfter mal einreiben, erhöht das seine Lebensdauer, und es glänzt schön. Gut geeignet ist zum Beispiel kaltgepreßtes Sesam- oder Mandelöl.

● Mit Zusätzen in der Hennapaste können Sie die Farbe vertiefen, etwa mit einem Sud aus Limettenscheiben (Seite 29).
Solche natürlichen Zusätze sind in guten Fertigprodukten bereits enthalten.

● Als Einwirkzeit der Farbe sollten Sie 3 bis 8 Stunden einplanen. Je länger, desto besser!

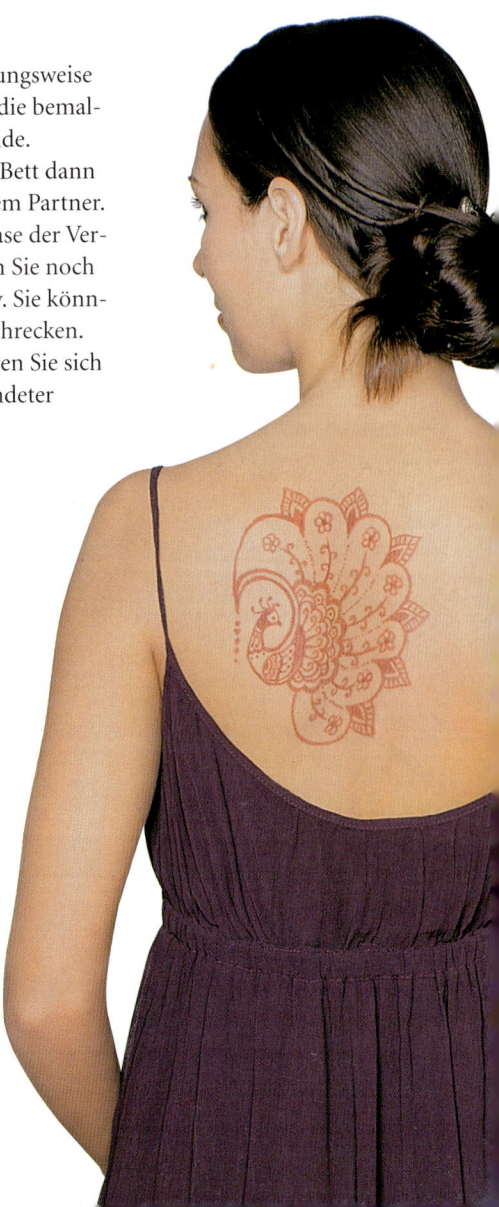

tip:

Das passende Outfit

Ob in die Disko oder Oper, zur Party oder am Strand – ein Tattoo kommt erst richtig zur Geltung, wenn das gesamte Outfit stimmt.

● Tragen Sie Ihr Tattoo zu einem minimalistischen Stil, etwa zu schlichtem Schwarz und einfach geschnittenen Kleidern.

● Aber auch zu farbenprächtigem Ethno-Look oder zu einem indischen Sari macht sich Body-Art gut.

● Ein zart bestickter Schal, Perlen und Gold sind die geeignete Ergänzung für den großen Auftritt.

Einwirken lassen über Nacht

Wenn Sie Füße oder Hände bemalt haben, können Sie die Farbe gut auch über Nacht einwirken lassen. Kratzen Sie die getrocknete Hennapaste abends nicht ab (Seite 24), sondern ziehen Sie vor dem Schlafengehen alte Baumwollsocken beziehungsweise Handschuhe über die bemalten Füße oder Hände. Aber teilen Sie Ihr Bett dann besser nicht mit dem Partner. Denn in dieser Phase der Verschönerung wirken Sie noch nicht sehr attraktiv. Sie könnten ihn leicht verschrecken. Deshalb präsentieren Sie sich lieber erst in vollendeter Pracht …

Der prächtige Pfau kommt auf dem Rücken wunderbar zur Geltung. Er zeugt von Stolz und Selbstbewußtsein der Trägerin. Wenn Sie aber eher schüchtern sind, wird Ihnen der Pfau helfen, Kontakt zu finden. Mit diesem Tattoo sind Sie auf alle Fälle Mittelpunkt auf jedem Fest.

Ehe Sie loslegen: Einige Tips vorweg

Die richtige Vorbereitung ist schon der halbe Erfolg!

Grundlage: Haut- und Nagelpflege

● Hautpartien, die Sie bemalen, müssen fettfrei sein: Am besten waschen Sie sie mit einfacher Kernseife, nicht mit rückfettender Seife. Benutzen Sie ein bis zwei Tage vorher möglichst auch keine Körpercreme.

● Ein Peeling sorgt für eine gleichmäßige Hautoberfläche.

● Falls Sie Hände oder Füße bemalen: Pflegen Sie die Nägel schön, und lackieren Sie sie vor der Behandlung mit Henna (da sie sich sonst verfärben!).

● Für die »Berber-Füße« (Seite 28) müssen Sie die Hornhaut an den Fußsohlen – nach einem warmen Fußbad – sorgfältig mit dem Bimsstein abrubbeln. Da Hornhaut die Hennafarbe intensiver annimmt, würden die Fußsohlen sonst fleckig wirken.

Alles, was Sie rund um das Malen mit Hennapaste brauchen, ist nicht teuer und schnell zu besorgen. Gehen Sie die Checkliste (rechts) durch, und stellen Sie sich, bevor Sie anfangen, alles griffbereit hin.

tip:

ALLES GRIFFBEREIT?

Legen Sie sich folgendes zurecht, bevor Sie anfangen:

● *Wenn Sie mit Tattoostiften malen:*

Tattoostifte

Puder

Reinigungsmilch oder Körperöl und Wattestäbchen

● *Wenn Sie mit Henna malen:*

fertige Hennapaste aus der Tube mit Spritztülle

ein altes T-Shirt oder ähnliches als Arbeitskleidung

Wachstuch, alte Handtücher

Kosmetiktücher, Wattestäbchen und Wasser

2 Zitronen und Zucker

ein stumpfes Messer und/oder eine kleine Handbürste

Hautöl

eventuell Plastikfolie, Klebestreifen, Socken, Baumwollhandschuhe

Fertigpaste aus der Tube mit Spritztülle macht das Malen mit Henna unkompliziert. Die Paste hat die richtige Konsistenz, und mit der Spritztülle läßt sich das Henna gut dosieren.

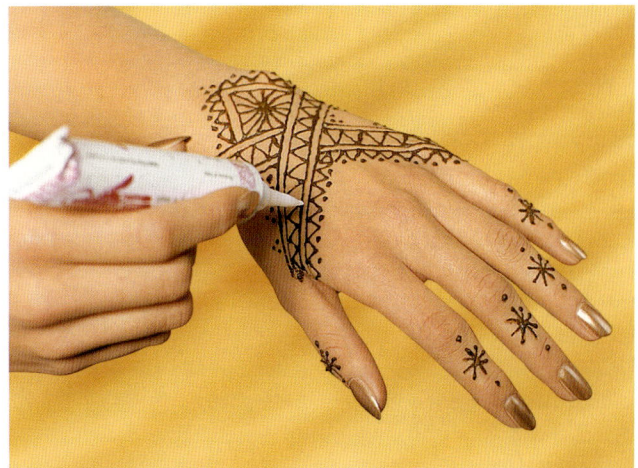

Kleckern ohne Reue

● Wenn Sie mit Hennapaste malen, schützen Sie Ihre Kleidung, Möbel und Teppiche vor der Farbe. Decken Sie die Arbeitsfläche mit einer Unterlage, am besten einem alten Wachstuch oder Handtüchern ab. Farbkrümel auf dem Boden lassen Sie trocknen und entfernen sie mit dem Staubsauger.

Mit dem Allergietest auf Nummer sicher

Um auszuschließen, daß Sie die Farbe nicht vertragen, sollten Sie vor dem Malen den Test machen:
Tragen Sie etwas Farbe auf die empfindliche Haut in der Armbeuge auf. Wenn nach einem halben Tag keine Reizung (Rötung) auftritt, kann es losgehen.

Wichtiges rund um
Farbe & Fixierung

Ab Seite 25 geht's ganz konkret ans Malen. Hier die wichtigsten Tips drumherum:

Malen mit Tattoostift

● Patzer mit Reinigungsmilch oder Öl und Wattestäbchen entfernen.
● Das Muster etwa eine Stunde lang nicht berühren.
● Nicht mehr duschen.
● Gelegentlich abpudern.

Malen mit Henna

● Patzer mit einem feuchten Kosmetiktuch oder Wattestäbchen sofort abwischen.
● Die Hennapaste einfach auf der Haut trocknen lassen. Sie muß nun 3 bis 8 Stunden einwirken – je länger, um so tiefer der Farbton. Wird das Henna bröselig und bröckelt von selbst ab, ist das der beste Zeitpunkt, es zu entfernen.

- Intensiver wird die Farbe, wenn sie noch längere Zeit feucht gehalten wird. Wickeln Sie dünne Plastikfolie um das Tattoo, und fixieren Sie sie mit Heftpflaster. Oder beträufeln Sie die Paste mit Halwa-Sirup:

Halwa-Sirup zum Fixieren

$2/3$ Zitronensaft (2 EL)
$1/3$ Zucker (1 EL)
miteinander verrühren, bis der Zucker aufgelöst ist. Dann mit Wattestäbchen vorsichtig auf die antrocknende Hennapaste tupfen.

Die Hennapaste entfernen

- Nach der Einwirkzeit läßt sich die getrocknete Paste ohne weiteres mit einem Messerrücken oder Holzspatel herunterkratzen – am besten über einem Waschbecken, aus dem Sie die Reste einfach wegspülen.
- Mindestens einen halben Tag lang sollte die bemalte Hautpartie nicht mit Wasser in Berührung kommen.
- Nach dem Abrubbeln massieren Sie gutes Pflanzenöl (Seite 20) in die Haut ein.

Muße fürs Malen

- Gerade, wenn Sie noch wenig Übung haben, ist es wichtig, sich in aller Ruhe dem Malen widmen zu können. Suchen Sie also einen günstigen Zeitpunkt aus.
- Planen Sie lieber mehr als weniger Zeit ein, damit Sie nicht unter Druck geraten.
- Wenn Sie mit Henna malen und länger als eine Stunde für Ihr Muster brauchen, kratzen Sie die Farbe etappenweise entsprechend der Einwirkzeit ab.
- Genießen Sie die Mal- und Einwirkzeit, und machen Sie es sich so richtig gemütlich mit Tee, sanfter Musik und angenehmen Düften.

(Dies sollten Sie im Laufe der nächsten Woche öfter wiederholen.) Sie werden begeistert sein, wie Ihr Tattoo von Stunde zu Stunde mehr strahlt.

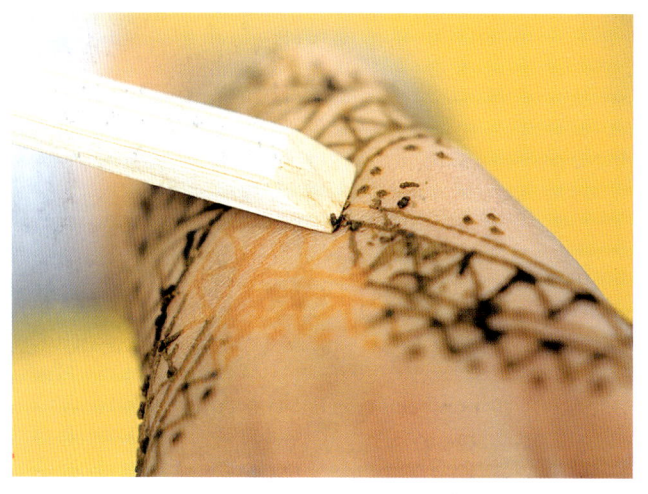

Unter der Hennakruste kommt das Muster erst mal in einem hellen Orange zum Vorschein. Die Farbe dunkelt noch nach.

Der einfachste Weg zu tollen Mustern:
Malen mit Schablonen

Die Musterlinien auf der Schablone erscheinen später als heller Kontrast zwischen den gefärbten Hautpartien.

Wer nicht freihand malen will (Seite 33), kann einfach Schablonen ausmalen: Es gibt sie in verschiedenen schönen Mustern, aus Papier oder Plastik. Die selbstklebende Rückseite haftet auf die Haut, die ausgestanzten Stellen werden mit Farbe ausgefüllt.
Nach dem Trocknen wird die Schablone einfach abgezogen und kann in der Regel wiederverwendet werden.
Sie finden Schablonen von verschiedenen Firmen in gutsortierten Kosmetikgeschäften und -abteilungen.

Was paßt wohin?

Rosetten machen sich hübsch auf Handrücken oder Oberarm. Bordüren sind für Hals, Oberarme, Fuß- und Handgelenke geeignet. Einzelmuster wirken besonders gut auf dem zweiten Ringfingerglied.

Bordüre am Hals – so wird's gemacht

Eine Bordüre rund um den Hals ist sehr attraktiv und leicht selbst zu malen. Am besten nehmen Sie dafür einen Tattoo-Stift.
Lassen Sie sich von einer Freundin helfen.

1. Etwas oberhalb der Linie, auf der das Motiv verlaufen soll, markieren Sie eine feine Punktekette: So wird die Bordüre nicht schief.
(Durch diesen Trick, den Verlauf mit Punkten zu markieren, schaffen Sie es auch, eine Bordüre wie auf dem Titelbild freihand zu malen!)

2. Nun drücken Sie die Schablonen-Bordüre auf die Halsvorderseite und malen sie aus. Lassen Sie die Farbe 15 Minuten antrocknen.

3. Versetzen Sie dann die Schablone Stück für Stück (zwischendurch immer wieder trocknen lassen), bis der Hals rundherum bemalt ist.

4. Mit einem ölgetränkten Wattestäbchen entfernen Sie zuletzt die Markierungspunkte.

Schablonen zum Selbermachen

Wenn Sie einmal über einen nordafrikanischen Markt schlendern, sehen Sie vielleicht alte Frauen dasitzen, die geduldig in endlose Heftpflasterbänder Muster schneiden. Touristen fragen sich dann oft erstaunt, ob es nichts Wichtigeres zu tun gebe, als Verbandmaterial zu verzieren.
Sie aber wissen jetzt, daß hier der Bedarf der Frauen an Schablonen-Bordüren für die Hennamalerei gedeckt wird.

Zickzackband für Berbermuster

Schablonenmuster, die sich hervorragend für die beliebten geometrischen Formen Nordafrikas eignen, können Sie leicht selbst herstellen. Wir zeigen Ihnen hier, wie Sie ein typisches Zackenmuster, das durch seine Klarheit besticht, aus einem Klebestreifen schneiden.

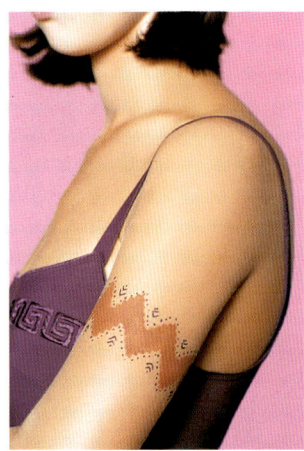

So sieht das fertige Berbermuster aus – mit Henna ausgemalt und mit Tattoostift verziert.

tip:

SCHABLONEN-TRICKS

Sich eigene Schablonen herzustellen, ist nicht schwerer als die Basteleien aus gefaltetem Papier im Kindergarten: Weihnachtssterne, Faschingsgirlanden – erinnern Sie sich?

● Mit der Methode, die wir Ihnen auf dieser Seite vorstellen, können Sie natürlich auch andere Muster entwerfen, zum Beispiel Wellenlinien oder Mäander.
Sie könnten auch in die Dreiecke noch kleine Muster wie Rauten, Quadrate oder Kreise schneiden. Knicken Sie das Kreppband so, daß Sie jedes Dreieck halbieren, und schneiden Sie in den Falz.

● In große Klebeetiketten (aus dem Schreibwarenladen) lassen sich auch breitere Muster schneiden. Wie wär's mit einem Stern? Er symbolisiert die kosmischen Kräfte.

1. Schneiden Sie aus einer Plastiktüte einen etwa 5 cm breiten Plastikstreifen. Die benötigte Länge ermitteln Sie so: Wenn die Borte zum Beispiel den Oberarm schmücken soll, messen Sie seinen Umfang großzügig und geben noch ein paar Zentimeter zu.

2. In die Mitte des Plastikstreifens kleben Sie einen gleichlangen Streifen Kreppklebeband.

Malen mit Schablonen

tip:

Das brauchen Sie:

eine Rolle Kreppklebeband (3 cm breit)

eine nicht zu dünne Plastiktüte

Zickzack-Schere (Handarbeitsgeschäft), Bastelschere, Lineal und Bleistift

3. Mit Bleistift ziehen Sie auf dem Kreppstreifen längs zwei parallele Linien, jede $1/2$ cm vom Rand entfernt. Markieren Sie dann auf der einen Linie Punkte im Abstand von 2 cm, auf der anderen Linie ebenso, aber um 1 cm versetzt.

4. Nun schneiden Sie mit der Zickzack-Schere schräg von Punkt zu Punkt – auf der Abbildung von A nach B nach C … Sie erhalten so zwei Zickzack-Streifen.

5. Ziehen Sie die Plastikfolie ab, und kleben Sie die Streifen mit etwas Abstand auf (siehe Abbildung rechts). Der freibleibende Hautstreifen offenbart ein Zickzack-Muster. Raffiniert: Die Ränder der Dreiecksspitzen sind nochmals in sich gezackt.

6. Verstreichen Sie jetzt die Hennapaste mit einem Holzspatel großzügig auf die Hautpartie, die die Schablone freigibt, jedoch nicht über die äußeren Ränder hinaus.

7. Lassen Sie die Paste einige Stunden trocknen (Seite 23), kratzen Sie sie ab (Seite 24), und ziehen Sie erst dann den Schablonenstreifen von der Haut ab.

Auf einen Plastikstreifen geklebt, wird das Kreppklebeband markiert und zugeschnitten.

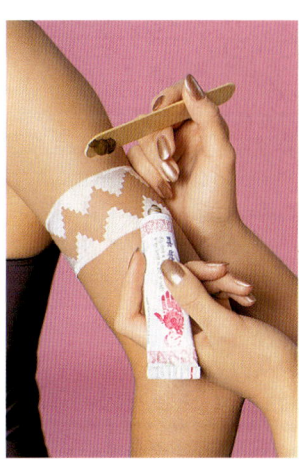

Sind die Kreppschablonen aufgeklebt, wird die Hennapaste in den Zwischenraum gestrichen.

8. Besonders attraktiv wirkt die Bordüre, wenn Sie mit einem schwarzen Tattoostift Punkte, Sternchen und Striche rundherum zeichnen.

Hinweis

In seltenen Fällen kann empfindliche Haut auf den Klebestreifen mit Reizung reagieren, die nach dem Abziehen jedoch schnell verschwindet.

Der Hit im Sommer: Berberfüße

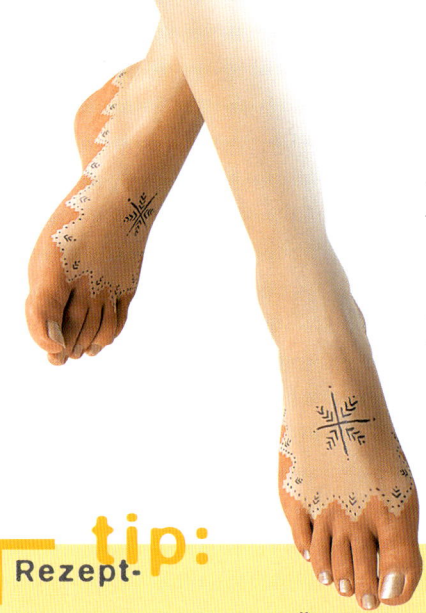

Wie mit einem zarten Spitzenschuh aus feinstem Gewebe überzogen, wirkt der verzierte Fuß, und die Farbe läßt ihn insgesamt kleiner und schmaler erscheinen.

Mit jedem Schritt, den Ihre hennagefärbten Füße tun, verflüchtigen sich negative Einflüsse – das glauben jedenfalls die Berber.

Auffallen und »ankommen«

Wie auch immer – so schöne Füße geben Ihnen zumindest Selbstbewußtsein, und Sie sind damit sicher schnell im Gespräch mit netten Leuten, die Sie bestaunen werden. Eine unserer Freundinnen hat auf diese Weise den Mann ihres Lebens kennengelernt. Da sage noch einer, das sei alles nur Aberglaube ...

So wird's gemacht

Für die Berberfüße brauchen Sie selbst angerührte Hennapaste. Aber keine Sorge – das ist auch schon das einzige, das etwas Mühe macht. Mißlingen kann das Ganze kaum.

Rezept-tip:

HENNAPASTE – SELBST GERÜHRT

Für die Berberfüße brauchen Sie eine größere Menge Hennapaste. Damit sich das Anrühren auch richtig lohnt – und weil es mehr Spaß macht und zudem einfacher ist – tun Sie sich am besten mit einer Freundin zusammen und färben sich gegenseitig die Füße.

Zutaten für zwei Paar Füße (Zubereitung siehe Seite 29):

250 g frisches Hennapulver rotfärbend aus dem Naturkostladen, Reformhaus oder aus der Apotheke (bitte nicht verwechseln mit neutralem, nicht-färbendem Henna für die Haarpflege)

1–2 Limetten, notfalls Zitronen
1 EL Schwarzteeblätter
$1/2$ Liter Wasser
1 Paar dünne Plastikhandschuhe
Watte
Plastikfolie
eine alte Porzellanschüssel

Und das brauchen Sie auch noch für die Berberfüße:

Zickzack-Schablonenstreifen (Seite 26)
1 schwarzen Tattoostift
Nagellack

1. Zwei Tage vor der Hauptaktion kaufen Sie Limetten, schneiden sie in Scheiben und lassen sie etwa 2 Tage lang an der Luft trocknen. Vier große oder mehrere kleine Scheiben genügen.

2. Fünf Stunden vor der Aktion bereiten Sie einen Sud aus Schwarztee und den getrockneten Limettenscheiben zu: Wasser, Teeblätter und Limetten kalt aufsetzen, zum Kochen bringen, vom Herd nehmen und fünf Stunden stehen lassen.

3. Entfernen Sie die Hornhaut an den Füßen sorgfältig, und lackieren Sie sich die Fußnägel. Hennapaste färbt Hornhaut und ungeschützte Nägel besonders intensiv, was sehr unschön aussieht.

4. Basteln Sie eine Zickzack-Schablone (Seite 26). Zeitaufwand: 20 Minuten für Ungeübte. Benötigte Länge: 50 cm. Beim Auseinanderschneiden ergibt sich 1 m. Kleben Sie die Schablonenstreifen rund um die Füße.

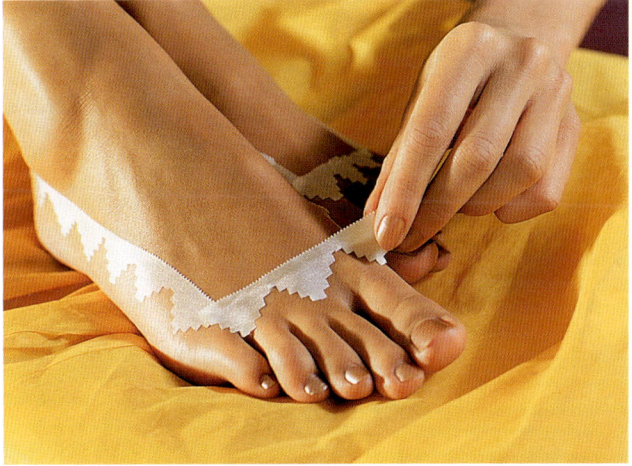

5. Den Teesud nach 5 Stunden nochmal erhitzen, durch ein feines Sieb abseihen. Geben Sie das Hennapulver in die Porzellanschüssel, gießen Sie nach und nach den Sud zu, und verkneten Sie alles kräftig mit den Händen. Unbedingt Plastikhandschuhe anziehen!
Die Hennapaste sollte eine teigige Konsistenz, ähnlich wie Lehm, haben – also auf keinen Fall zu dünnflüssig sein. Geben Sie die Flüssigkeit deshalb nur allmählich und in kleinen Mengen zu.

Die Zickzack-Schablone von Seite 26 umgrenzt den Bereich, der mit Henna eingefärbt wird.

Wenn Sie zu zweit sind, können Sie sich nun zurücklehnen und von Ihrer Freundin wie eine orientalische Prinzessin mit einer ganz besonderen Fußmassage verwöhnen lassen. Notfalls aber schaffen Sie es auch allein:

6. Kneten Sie den warmen Hennabrei auf die Fußsohlen, so als wollten Sie den Füßen eine Moorpackung angedeihen lassen.

> **tip:**
>
> **HENNAPACKUNG: KUR FÜR KÖRPER & SEELE**
>
> ● Der Nebeneffekt der optischen Verschönerung ist einer Kuranwendung sehr ähnlich. Danach werden Sie noch lange ein wohliges Gefühl in den Füßen verspüren. Und angesichts der Heilwirkungen der Hennapflanze ist es nicht verwunderlich, wenn uns manche Leute versichern, eine Linderung rheumatischer Schmerzen an den Zehen zu verspüren. Auch für Tänzerinnenfüße gibt es kaum etwas Entspannenderes.
>
> ● Das Färben der Füße wird im Orient regelrecht zelebriert und ist stets Anlaß für ein Fest oder zumindest ein fröhliches Treffen unter Frauen.
> Feiern auch Sie eine Henna-Party mit Ihren Freundinnen. Sorgen Sie vorher für etwas Gutes zu essen, trinken Sie gemütlich Tee und schauen sich einen schönen Film an. Wie wäre es mit »Kamasutra« auf Video?
> Die Entspannung kommt der Schönheit zusätzlich zugute.

Bedecken Sie Zehen, Fersen und Seiten komplett bis zum Schablonenrand, der die Farbflächen begrenzt. Streichen Sie die Paste sorgfältig bis an die Zackenränder – je genauer die Kontur, desto besser hebt sich die gefärbte Fläche vom ungefärbten Fußrücken ab und desto schöner wirken die Zacken. Vergessen Sie auch die Zehenzwischenräume nicht!

7. Decken Sie den Brei mit Watte ab, damit nichts verschmiert. Packen Sie jeden Fuß mit alten Handtüchern oder einer Plastiktüte ein.

Nun sollten Sie die Füße hochlegen und nicht herumlaufen, im Notfall nur vorsichtig ein paar Schritte. Empfangen Sie besser keine unangemeldeten Besucher – mit Ihren Klumpfüßen … Drei Stunden Einwirkzeit reichen, aber längeres Einwirken ist nicht schädlich. Es über Nacht wirken zu lassen, empfiehlt sich nicht, weil das Bettzeug leiden könnte.

8. Öffnen Sie die Plastikverpackung. Sollte die Hennapaste nicht weitgehend trocken sein, lassen Sie die Füße noch eine Weile an der Luft oder auch an der Sonne trocknen. Über einer Schüssel können Sie allmählich größere Batzen abkratzen, den eingetrockneten Rest in der Badewanne.

Nach zwei Tagen wird's erst richtig schön

9. Krönen werden Sie das Werk, indem Sie nach zwei Tagen (wenn sich die Leuchtkraft der Farbe richtig entfaltet hat), kleine schwarze Striche, Punkte und Dattelpalmensymbole (Seite 9) rund um das Zackenmuster der Schablone zeichnen. Beginnen Sie mit Punkten an den kleinen Zacken, dann geht es weiter mit einfachen Dattelpalmen zwischen den Dreiecken, und wenn Sie Lust haben, malen Sie noch ein geometrisches Muster auf die Mitte des Fußrückens. An den Füßen hält der Tattoostift ein wenig länger als sonst, weil wir auf dem

Fußrücken keine Schweißdrüsen haben. Außerdem sind die Verzierungen so einfach zu zeichnen, daß Sie sie jederzeit erneuern können –

Richtig Spaß macht das Einfärben der Füße zu zweit. Lehnen Sie sich zurück, und lassen Sie sich von Ihrer Freundin wie eine orientalische Prinzessin mit einer ganz besonderen Fußbehandlung verwöhnen.

das ist nicht umständlicher, als wenn Sie täglich Ihr Make-up frisch auflegen.

So hält die Farbe den ganzen Sommer über

Mit dieser Methode hat die Hennafärbung an den Fußsohlen eine lange Lebensdauer, manchmal vier Wochen. Wenn Sie dann den Vorgang wiederholen, wird die Farbe noch intensiver und hält den ganzen Sommer. Am besten kommen die Berberfüße in Zehensandalen oder leichten Riemchensandalen zur Geltung. Barfuß zu laufen, ist nicht so geschickt, da die Hennafarbe durch Abrieb und Waschen schneller verblaßt.

Freihandmalen

Schritt für Schritt zur wahren Tattoo-Kunst

Von der schlichten Blumenranke bis zu kunstvoll bemalten Händen und Füßen reicht das Spektrum, das Sie in diesem Kapitel kennenlernen. Und wenn Sie ein wenig üben – erst mit Filzstift oder Hennatube auf Papier und dann natürlich auf der Haut –, werden Ihnen die schönsten Tattoos bald leicht von der Hand gehen.

In jedem steckt ein Künstler

Jede(r) ist fähig, Henna-Tattoos aus freier Hand zu malen!
Davon sind wir nach zahlreichen Workshops, die Margot Ibrahim gegeben hat, überzeugt. Das einzige Hindernis, das es zu überwinden gilt: Trauen Sie es sich ruhig zu, und glauben Sie nicht, Ihnen würden die künstlerischen Fähigkeiten dazu fehlen. Sie müssen ja nicht gleich eigene Muster kreieren, sondern können sich an unsere Vorlagen halten.

Malen ganz ohne Streß

Und wenn nicht alles gleich gelingt: Die Spuren verblassen doch ziemlich schnell und können meist schon während des Malvorgangs getilgt werden (siehe unsere praktischen Hinweise von Seite 23).

Kleine Muster – große Wirkung

Auf den folgenden Seiten zeigen wir Ihnen immer wiederkehrende Einzelmotive. Diese werden miteinander kombiniert, um die kunstvollen Gebilde zu schaffen, die so große Bewunderung hervorrufen. Ein gutes Beispiel dafür ist das attraktive Pfauenmotiv unten (siehe auch Foto Seite 21), das gar nicht so schwierig ist, wie es auf den ersten Blick scheint.

Mit etwas Übung gelingt Ihnen bald der Pfau: Beginnen Sie im Zentrum mit der Körperkontur. Markieren Sie dann die Bögen mit wenigen Punkten, und verbinden Sie diese. Ebenso die äußeren Spitzen erst markieren und dann verbinden. Nun stimmen die Proportionen, und es geht ins Detail.

Der erste Schritt: Basismuster üben

Versuchen Sie, die Muster mit Bleistift auf Papier nachzuzeichnen. Wenn Ihnen das zunächst schwerfällt: Legen Sie Pauspapier darauf, und kopieren Sie die Vorlage so oft, bis Sie ohne Hilfsmittel zurechtkommen.

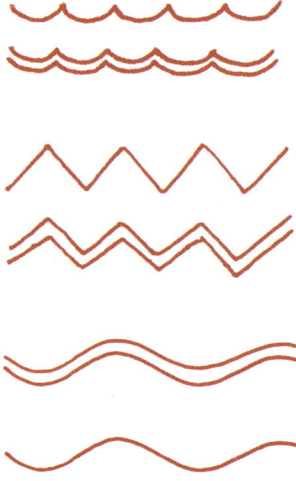
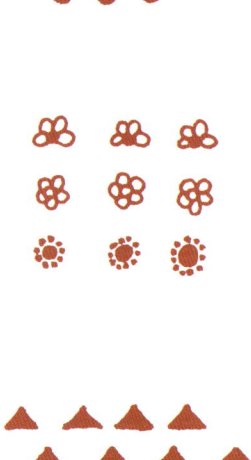

Es geht nicht um Perfektion! Die Muster wirken gerade dadurch, daß sie ein wenig unregelmäßig sind. Kreise müssen also nicht wie mit dem Zirkel abgemessen sein, Abstände zwischen Blättern, Zacken und ähnlichem nicht millimetergenau. Blätter, Blumen, Zweige – auch in der Natur unterscheiden sich Elemente derselben Art stets in Kleinigkeiten.

BASISMUSTER ÜBEN 35

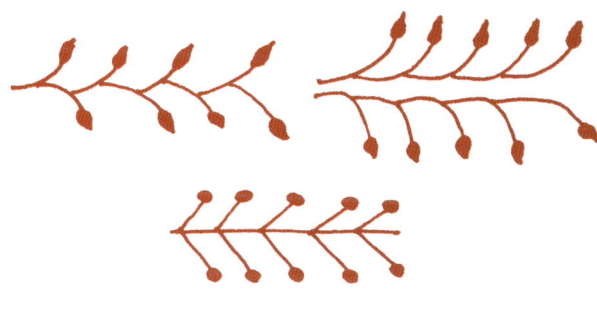

  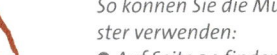

  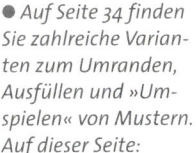

So können Sie die Muster verwenden:
- *Auf Seite 34 finden Sie zahlreiche Varianten zum Umranden, Ausfüllen und »Umspielen« von Mustern. Auf dieser Seite:*
- *Kleine Blätterranken, einfach, doppelt und symmetrisch, als Verbindungsstücke zwischen Rosetten und Blüten oder aber – sehr apart – allein, etwa als Oberarmreif.*
- *Typische Füllungen für größere Flächen (Muster oben rechts).*
- *Verschiedene kleine Blätter für Ranken, als Schmuck einzelner Fingerglieder oder umgedreht als Herzmotiv.*

Wenn Sie diese einfachen Muster aus dem Effeff beherrschen, können Sie damit die tollsten Tattoos kombinieren. Denn auch die komplizierteste Bemalung setzt sich letztlich nur aus diesen und ähnlichen Basismustern zusammen. Schauen Sie sich doch mal die indische Hand- und Fußbemalung auf Seite 13 an: Selbst diese überaus kunstvollen Hennaverzierungen sind im Detail einfach.

Der zweite Schritt: Basismuster kombinieren

Nun kombinieren Sie die Einzelelemente zu Bordüren, Ranken, Rosetten und ähnlichem.
Damit nichts verschmiert, malen Sie die Bordüren immer von links nach rechts (Linkshänder von rechts nach links); bei den Rosetten beginnen Sie in der Mitte!

BASISMUSTER KOMBINIEREN 37

- *Blüten- und Rosettenmotive ergeben sich – ausgehend von der Mitte – von Umrandung zu Umrandung.*
- *Bei allen streng geometrischen Mustern (ganz oben) helfen Markierungspunkte, die einzelnen Elemente und die Abstände gleichmäßig zu gestalten.*
- *Bei Blättern erst die Form, dann die Mittellinie und schließlich den Rest malen.*

Paisleys mit tieferer Bedeutung

Als nächstes können Sie sich nun auch an größere Motive mit den typischen Füllmustern wagen.

Ganz klassisch: eine persische Blattform, bei uns als »Paisley« bekannt.

Diese Form hat in Indien noch andere Bedeutungen: Als »Ambi« (Mango) ist das asymmetrische Motiv auch jener duftenden Frucht nachempfunden. Ebenso soll es die Augen der fischäugigen Göttin Menakshi, genannt die »Schönäugige«, darstellen. In jedem Fall ist das Paisley ein Symbol, das seiner Trägerin Glück, Schönheit und Liebe verheißt.

Obwohl auf den ersten Blick alles Paisleys, sind bei genauerem Betrachten die Blatt-, die Mango- und die Augenform deutlich voneinander zu unterscheiden.

Der dritte Schritt: Mit Henna auf Papier üben

Wenn Sie mit Henna malen wollen, sollten Sie nun noch die Handhabung Ihres Werkzeugs üben: Malen Sie Ihr Motiv mit der Hennapaste auf ein Blatt Papier.
Falls Sie den Tattoostift wählen, dürfen Sie gleich loslegen.

Profi-Tips
Das Wichtigste im Überblick

- Wenn Sie sich selbst bemalen, eignet sich am besten die linke Hand und das linke Handgelenk (bei LinkshänderInnen umgekehrt)

- Bei Rankenmustern und Bordüren beginnen Sie an dem Punkt, von dem aus Sie beim Weiterarbeiten nichts verwischen können.

- Bei runden Motiven beginnen Sie am Mittelpunkt.

- Für größere asymmetrische Formen (zum Beispiel Paisley-Motive) zeichnen Sie zuerst die äußere Form.

- Rosetten und Blüten: Planen Sie die Anzahl der Abschnitte oder Blätter um den Mittelkreis.

- Linien, ob gerade oder geschwungen, zeichnen Sie mit mehr Sicherheit, wenn Sie von vornherein den Endpunkt anpeilen.

- Geometrische Bordüren: Um den geraden Verlauf zu sichern, markieren Sie den Verlauf mit Punkten. Nehmen Sie dazu einen Tattoo- oder Augenbrauenstift. Ist das Tattoo fertig, entfernen Sie die Markierung vorsichtig mit einem Wattestäbchen und Reinigungsmilch.

Die Zeichnung links zeigt zwei besonders phantasievoll stilisierte Mangos. Letztlich liegt der Reiz des Malens darin, der Kreativität freien Lauf zu lassen, mit Formen und Mustern spielerisch umzugehen.

Magische Hände im Berber-Stil

Bemalte Hände sind nicht nur schön, sondern haben auch eine starke Symbolkraft. Neben den Mustern hat die Hand an sich für die nordafrikanischen Frauen eine magische Bedeutung.

info:

DIE »FÜNF« WEHRT UNHEIL AB

Sterne oder Phantasiepflanzen mit fünf Zacken oder Blättern sind als unheilabwehrendes Motiv in Nordafrika weit verbreitet.

Frauen in islamischen Ländern tragen gerne zusätzlich Schmuckstücke mit fünf Metallanhängern, die durch ihr metallisches Klirren Dämonen auch noch akustisch verschrecken sollen. Oft wiederholt sich das Motiv auch auf Ketten und Armbändern.

Da die Fünf in Nordafrika als unheilabwehrend gilt, besitzt auch die Hand mit ihren fünf Fingern diese Symbolik. Die bemalte Hand (oder ein Amulett in Handform) warnt einen unheilbringenden Dämon davor, daß sie ihn ordentlich würgen werde, wenn er sich trauen sollte, zu nahe zu kommen.

Seit frühislamischer Zeit ist das Handsymbol auch als »Hand der Fatima« populär geworden, die auf die fünf Grundpfeiler der Religion hinweist. Doch dies ist eine wesentlich spätere Interpretation dieses uralten Sinnbilds, das Ihnen in Nordafrika auf Schritt und Tritt begegnet – als Schmuckstück in Gold und Silber, ziseliert in Tabletts, Teekannen und andere Gegenstände, eingeritzt in Türen, aufgemalt auf Mauern, Autos und Busse.

Die Motive mit der Fünfer-Symbolik (links) wirken einzeln schon sehr attraktiv, können aber auch gut in eine größere Bemalung integriert werden.

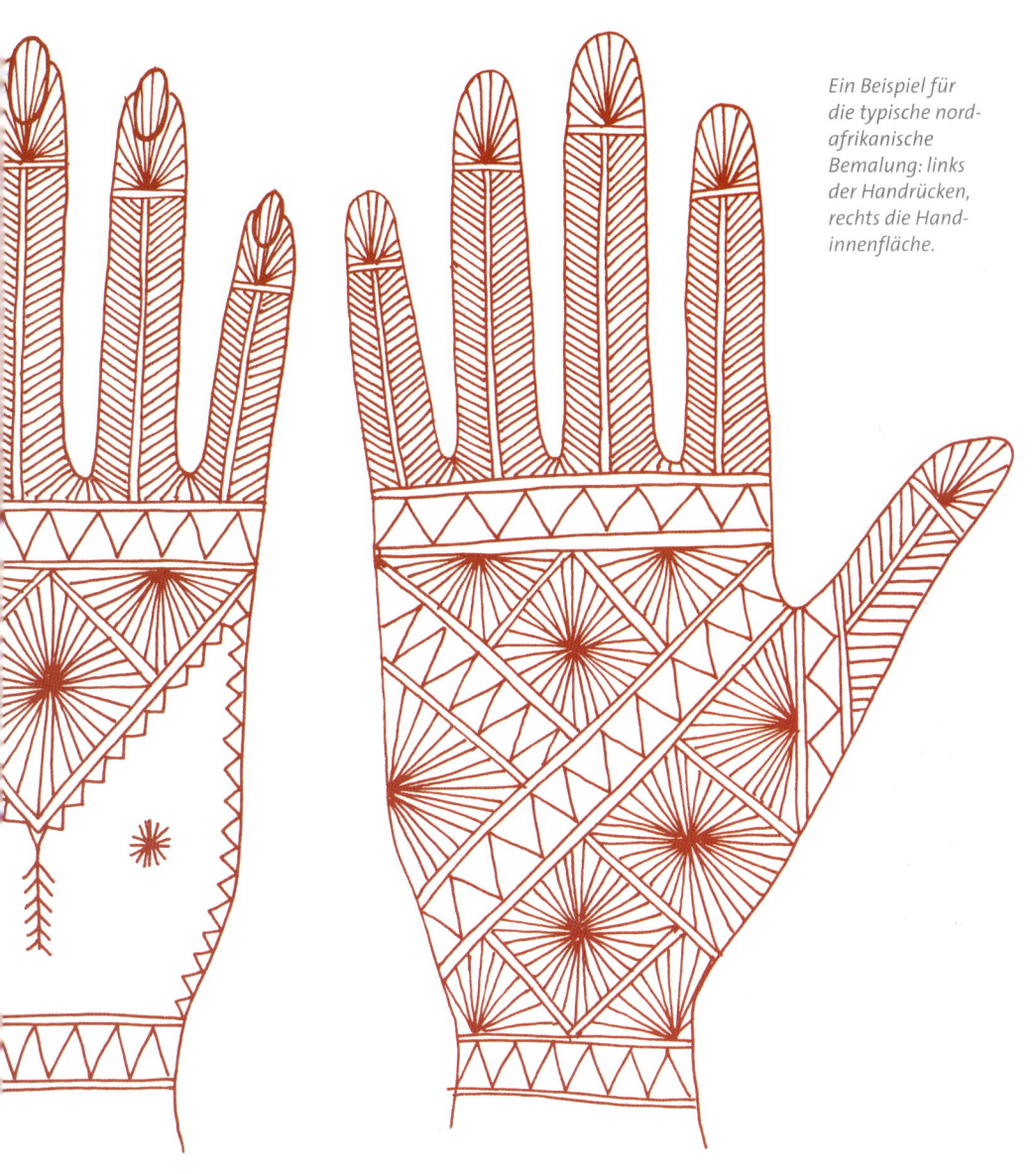

Ein Beispiel für die typische nordafrikanische Bemalung: links der Handrücken, rechts die Handinnenfläche.

»Spitzen-handschuh«
der Inderin

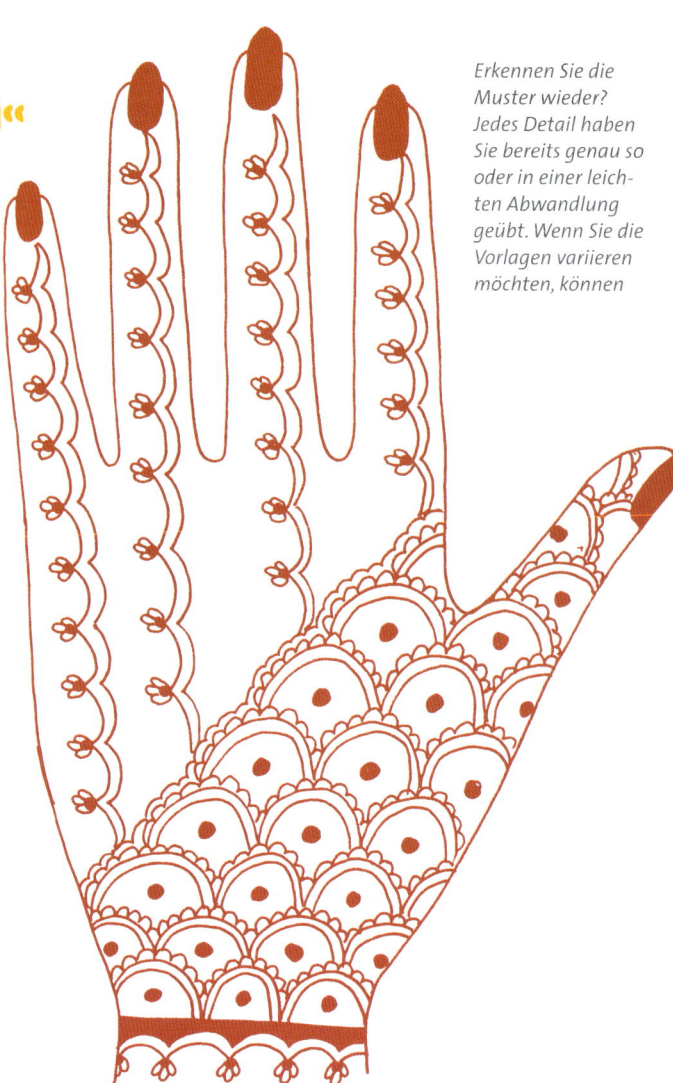

Leicht und verspielt erscheint diese typisch indische Handbemalung im Gegensatz zu den streng gegliederten Berberhänden.

Das Muster ist nicht so kompliziert wie manche indische Originalvorlage, wirkt aber genauso raffiniert.

Auch die Inderinnen bemalen gern die Handinnenflächen, was wir eher seltener praktizieren, weil es zum Nichtstun verurteilt: Durch Arbeit und Waschen ist die Farbe bald verschwunden.

Hübsch wirkt es, wenn die Abschlußbordüre rund um das Handgelenk verläuft oder wenn sich die Muster noch den Unterarm hinaufranken. Werden beide Hände bemalt, muß es nicht spiegelbildlich sein – sie dürfen ruhig unterschiedliche Motive tragen; es sollte aber ein einheitlicher Stil erkennbar sein.

Erkennen Sie die Muster wieder? Jedes Detail haben Sie bereits genau so oder in einer leichten Abwandlung geübt. Wenn Sie die Vorlagen variieren möchten, können

Indische Hände

Sie aus dem großen Fundus an Einzelmustern auf den Seiten 9, 13 und 34–40 auswählen und so Ihren ganz persönlichen »Spitzenhandschuh« gestalten.

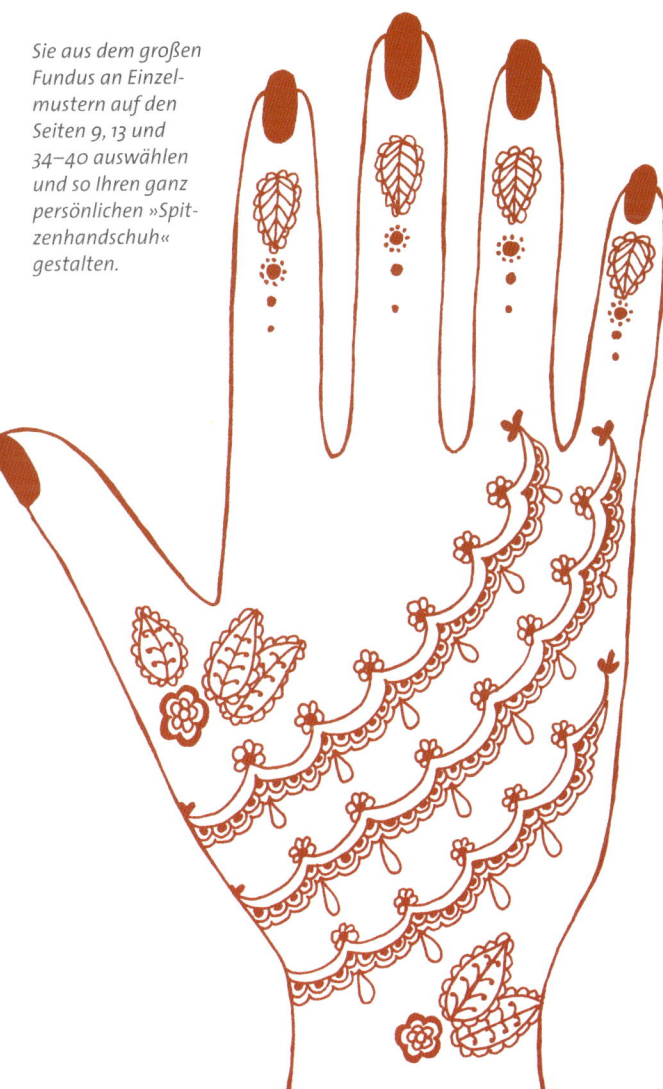

tip:

Hände bemalen – Schritt für Schritt

● Legen Sie sich alle Arbeitsmittel zurecht (Seite 22).

● Zeichnen Sie auf ein Blatt Papier ein Muster nach Ihrem Geschmack – am besten gleich in der richtigen Größe. Verwenden Sie dafür unsere Vorlagen, oder entwerfen Sie selbst ein Tattoo aus den vielen Einzelmotiven in diesem Buch. Nehmen Sie sich dafür viel Zeit!

● Wenn Ihnen das Muster klar ist, übertragen Sie es auf die Haut. Beginnen Sie an der entferntesten Stelle: Wenn Sie Ihre eigene Hand bemalen, an den Fingerspitzen, bei der Hand einer anderen am Handgelenk oder Unterarm. Dies ist wichtig, damit Ihre Arbeitshand nicht über bereits fertig bemalte Stellen wischt. Notfalls mit dem Fön antrocknen.

● Sobald die Hennapaste anfängt, leicht rissig zu werden, mit Halwa-Sirup betupfen (Seite 24). Einwirkzeit siehe Seite 23.

Zeigt her Eure
Füße!

Ganz einfach, aber sehr attraktiv: So können Sie Ihre Füße jederzeit problemlos selbst verzieren!

Beide Füße zusammen bilden ein Herzmotiv, die Blätter symbolisieren neues Wachstum – ein hübsches Motiv für Verliebte.

Wenn Sie das Muster abändern wollen, finden Sie auf Seite 34–36 zahlreiche Varianten der Einzelmotive!

Für Arm, Rücken oder Dekolleté: der
Lebensbaum

Die typisch indischen Rankenmuster gehen auf das Symbol des Lebensbaums zurück. Schon in den frühesten Religionen wurde die unverwüstliche Kraft, die in alten Bäumen lebt, verehrt. Der Lebensbaum der Bibel wächst mitten im Paradies, bei den Moslems im siebten Himmel, und die Inder schreiben den Früchten mancher Bäume die Erfüllung aller Wünsche zu.

Wurzeln, Äste, Blätter und Früchte kennzeichnen diese beiden unterschiedlichen Lebensbaummotive.

Schön ist, was gefällt

Moderne Hennamalerei folgt heute nur noch einem Gesetz, nämlich dem der Schönheit. Keineswegs werden die Europäerinnen belächelt, weil sie sich diese Kultur aneignen – im Gegenteil: Dunkelhäutige Araberinnen und Inderinnen bewundern an den hellhäutigen Frauen den intensiven Farbton, den das Henna bei ihnen hinterläßt. Denn je leuchtender die Farbe, um so mehr Glück bringt sie!

Kreativität ist gefragt

Hennamalerei ist eine Kunst, die keine strengen Regeln kennt. Jede Region hat ihre eigenen Vorlieben für bestimmte Muster und Symbole, die immer wieder in anderen Kombinationen auftauchen. Henna-Malerinnen rühmen sich ihrer ganz speziellen Eigenarten: Die Künstlerinnen sprechen zwar dieselbe Sprache, drücken sich aber sehr individuell aus.

Und das möchten wir auch Ihnen mitgeben: Anfangs ist es sicher hilfreich, sich an vorgegebene Muster zu halten. Aber je geübter Sie sind, desto mehr sollten Sie Ihrem Gefühl folgen und Ihre eigenen Muster erfinden. Wenn Sie frei auf der Haut gestalten, fängt der Spaß erst richtig an!

Gesucht – gefunden
Sachregister

Abend, Tattoo für einen 18
Allergietest 15, 23
Anleitung 16 ff, 34 ff
Arme, Muster für die 26, 45, 46

Basismuster 34 ff
Bauch, Muster für den 19, 21, 33
Berber 7 ff
-füße 28
-hände 40
-muster 9
Body-Art 4 ff
Bräuche der Berber 7 f
Bräuche der Inder 11 f

Cyperstrauch 14

Dekolleté, Muster fürs 4, 21, 33, 45

Einwirkzeit 20, 23
– über Nacht 21
Entfernen der Hennapaste 24
Eukalyptusöl 19

Farbige Muster 18
Farbintensität 12, 24
Felsmalereien 6
Fixierung 23
Flecken 23
Freihandmalen 32 ff
Fünf, Symbolik der Zahl 40

Füße bemalen 44
Füße, rot eingefärbte 28
Fußsohlen, Bemalung der 14

Gelegenheiten für Tattoos 5

Haarfärbemittel Henna 15
Hals, Bordüre am 25
Haltbarkeit der Tattoos 20 ff
Halwa-Sirup 24
Hände bemalen 40 ff, 43
Hände, magische 40
Harqus-Malerei 9
Hautpflege 22
Heilwirkung Henna 14, 30
Henna-Fertigpasten 17
Hennamalerei, traditionelle Methode 9
Henna-Rezepturen 12, 28
Henna-Heilwirkungen 14, 30
Hennafärbung, Haltbarkeit 20
Hennapackung 30
Hennapaste entfernen 24
Hennapaste, selbst gerührte 19
Hochzeit, indische 11
Hornhaut 22

Indien 11
Indische Handbemalung 42

Kalame 9
Kleidung, passende 21
Körperbemalung 6 f
Kreativität 46

Lebensbaum 45

Make-up 7
Malen aus freier Hand 32 ff

Malhölzchen 9
Mehndi-Malerei 4, 11
Muster, mehrfarbige 18
Mustervorlagen 9, 12 f, 34 ff

Nagelpflege 22
Nordafrika 7 ff

Ornamentik 11
Outfit 21

Paisley 38
Patzer entfernen 23
Pfauenmotiv 21, 33
Profi-Tips 39
Puder 20

Qualität 15, 17

Rücken, Muster für den 21, 33, 45

Schablonen 25 ff
– zum Selbermachen 26 f
–, Fertig- 25
»Spitzenhandschuh« 42
Spritzöffnung, verstopfte 17
Spritztülle 17
Symbolik 6, 9, 11, 40, 45

Tätowierung, Farbe für 17
Tattoos 4 ff
Tattoostifte 18, 20
Tradition 4, 6 ff
Tube, Henna aus der 17

Zeitplanung 20, 24
Zickzack-Schablone 26
Zutaten 22, 28

Hilfreiche Adressen

Schablonen, Tattoostifte und Hennapasten erhalten Sie in gut sortierten Kaufhäusern und Drogerien, frisches Hennapulver in Naturkost- und Dritte-Welt-Läden oder in Apotheken.

Die folgende Firma versendet *Produkte rund um die Henna-Malerei.* Einen Bestellschein können Sie per Fax anfordern:

Hamburger Schule für Gesichtsgestaltung GmbH
Make-up Ulrike Schütze
GALLERIA Große Bleichen 21
D – 20354 Hamburg
Fax: 040 / 34 03 26

Workshops zur Hennamalerei hält Margot Ibrahim im

Studio »Morgenland«
Buttermelcherstr. 21
D – 80469 München
Fax: 089 / 692 12 52

Wenn Sie sich professionell bemalen lassen wollen, fragen Sie in Kosmetikstudios oder bei Friseuren nach *Hennakünstlerinnen* in Ihrer Nähe.

Buchtip

Karl Gröning (Hrsg.): *Geschmückte Haut. Eine Kulturgeschichte der Körperkunst;* Frederking & Thaler Verlag, München

Wichtiger Hinweis

Die Ratschläge des vorliegenden Buches wurden sorgfältig recherchiert und haben sich in der Praxis bewährt. Autorinnen und Verlag übernehmen jedoch keine Haftung für eventuelle Fehler oder Schäden, die aus einer praktischen Anwendung resultieren.

Die Autorinnen

Ulaya Gadalla: International bekannte Bauchtänzerin, zahlreiche Buch-, CD- und Videoproduktionen; stellte in ihrer Sendereihe »Bauchtanz – Rhythmus und Lebensgefühl aus dem Morgenland« (ARD/ZDF) orientalischen Tanz und Schönheitsgewohnheiten der Araberinnen vor.

Margot Ibrahim: Fachkosmetikerin mit Diplom, erforscht seit vielen Jahren die traditionelle Körperkultur verschiedener Völker. Auf Reisen in den Orient, insbesondere zu nordafrikanischen Berberstämmen, erlernte sie die Henna-Malerei.

Dank

Herzlichen Dank an unser Cover-Model Gabie Ismaier sowie an Silvana, Felicitas und Nicole, die sich für die Fotos mit Tattoos bemalen ließen.

Impressum

© 1998 Gräfe und Unzer Verlag GmbH, München
Alle Rechte vorbehalten, Nachdruck, auch auszugsweise, sowie Verbreitung durch Film, Funk und Fernsehen, durch fotomechanische Wiedergabe, Tonträger und Datenverarbeitungssysteme jeder Art nur mit schriftlicher Genehmigung des Verlages.

Fotos: Ingolf Hatz
Zeichnungen: Margot Ibrahim

Weitere Fotos: Focus/J. Bravo S. 5; Zefa/Besier S. 6 rechts, Zefa/Englebert S. 6 unten; Leni Riefenstahl S. 6 oben; Fisher A./Robert Estall Photographs S. 8 oben; Visum/Th. Cojaniz S. 8 unten; Fachagentur für Indienbilder Widmann & Breitkopf S. 10, 11; G. Höfer S. 14; Maurin Garcia, M./Edito Georges Naef S.A. S. 15; W. Ludmann S. 17

Projektleitung: Angela Hermann
Redaktion und Gestaltung (DTP): Felicitas Holdau
Umschlag- und Innenlayout: Heinz Kraxenberger
Herstellung: Susanne Mühldorfer
Lithos: Repro Schmidt, Dornbirn
Druck und Bindung: Alcione, Trento

ISBN 3-7742-4333-6

Auflage	5.	4.	3.	2.	1.
Jahr	03	02	01	00	99